AF227132

NOTICE

SUR

LES ÉGLISES ET CHAPELLES

DE

MONTSOREAU

ET DE

REST

(MAINE-ET-LOIRE)

Par J. X. Carré de Busserolle, ancien vice-président de la
Société archéologique de Touraine,
Membre de la Société des gens de lettres.

* * *

TOURS

SUPPLIGEON, LIBRAIRE-ÉDITEUR

49, rue Nationale, 49

—

1888

NOTICE

SUR LES ÉGLISES ET CHAPELLES

DE

MONTSOREAU ET DE REST

NOTICE

SUR

LES ÉGLISES ET CHAPELLES

DE

MONTSOREAU

ET DE

REST

(MAINE-ET-LOIRE)

Par J. X. Carré de Busserolle, ancien vice-président de la
Société archéologique de Touraine,
Membre de la Société des gens de lettres.

———♦———

TOURS

SUPPLIGEON, LIBRAIRE-ÉDITEUR

49, rue Nationale, 49

———

1888

NOTICE

SUR

LES ÉGLISES ET CHAPELLES

DE

MONTSOREAU

ET DE

REST

(MAINE-ET-LOIRE)

Montsoreau, désigné dans les anciennes chartes sous les noms de *Mons Sorelli, castrum de Monte Sorello*, n'est pas mentionné dans l'histoire de l'Anjou avant le onzième siècle.

A cette époque, il y existait une forteresse, à laquelle a succédé, dans la seconde moitié du quinzième siècle, le château que nous voyons aujourd'hui et dont nous ferons l'objet d'une notice spéciale. Pour le moment, nous nous occuperons seulement des églises et chapelles de cette localité.

Comme tous les anciens manoirs, celui de Montsoreau avait une chapelle, où les offices étaient célébrés pour le châtelain, sa famille et ses serviteurs. D'abord dédiée à la

Sainte-Vierge, elle fut placée, plus tard, sous le vocable de saint Michel, et nommée St-Michel-du-Boile, à cause d'une chapelle, dite « du Boile », qui en dépendait.

Elle était située à l'ouest et dans l'enceinte du château, près d'une des portes de la ville, ouvrant au nord, vers la Loire, et qui est encore dans son état primitif.

En 1509, la chapelle St-Michel fut abandonnée, et on transféra le service à une ancienne église, délaissée depuis longtemps et s'élevant à l'est du bourg. Les tombeaux de divers membres des familles Chabot et Savary, autrefois propriétaires de la terre de Montsoreau, y furent transportés.

La consécration de l'édifice fut faite, avec une grande solennité, le 5 octobre de la même année, et on le plaça sous le vocable de la sainte Croix.

Par acte du 31 mars 1520, Marie de Chateaubriand veuve de Jean de Chambes III, baron de Montsoreau, y fonda, en exécution des dernières volontés de son mari, un Chapitre et six prébendes, et donna, pour cette fondation, le fief de la Suze (paroisse de Varennes-sous-Montsoreau), et les fermes du Clairay et de la Boudaudière (paroisse d'Allonnes). Le premier chanoine nommé fut Jean Gautier.

François de Rohan, évêque d'Angers, confirma la création de la collégiale par ses lettres du 11 avril 1520, et, l'année suivante, l'archidiacre d'Outre-Loire donna son consentement à l'érection du Chapitre, avec droit de cure.

Il y eut, par la suite, de très-vives contestations entre les chanoines et le curé de Rest au sujet des droits curiaux, que les premiers prétendaient avoir, et qu'en effet, comme on vient de le voir, on leur avait réellement conférés. Le différend se prolongea pendant plus de deux siècles et il ne se termina que grâce à l'intervention de l'évêque, choisi comme arbitre.

Le desservant de Rest prenait la qualification de « curé « de St-Pierre-de-Rest-lez-Montsoreau » ou de « curé de « Montsoreau », tandis qu'un des chanoines portait le titre de « curé de Ste-Croix, » ou « du château de Montsoreau. » C'est ce que l'on voit dans les registres de l'état-civil de la commune, dont le plus ancien date de 1560.

En 1557, un fait grave mit le Chapitre et les habitants de Montsoreau en grand émoi.

Dans la matinée du 25 février, on s'aperçut qu'un beau reliquaire, donné par la fondatrice de la collégiale et contenant un morceau de la vraie croix, avait été soustrait.

Pendant deux mois, la justice rechercha l'auteur de ce vol sacrilège, et enfin elle réussit à le découvrir.

C'était le nommé René Bruneau.

Cet homme fut pendu, sur la place publique du bourg, le 28 mai.

En 1562, une bande de huguenots, ayant à sa tête le comte de Montgommery, saccagea l'église Ste-Croix. Les tombeaux furent ouverts et on en tira le plomb et les matières d'or et d'argent qui s'y trouvaient.

A la fin du même siècle, de nouveaux ravages et de nouvelles déprédations furent exercés par les huguenots. Mais, cette fois, non contents de piller, ils compromirent la solidité de l'édifice en pratiquant des fouilles, dans l'espoir de découvrir quelque trésor.

Les voûtes menaçant de s'écrouler, le Chapitre dut renoncer à célébrer ses offices dans cette église. Il l'abandonna, et se réinstalla dans celle de St-Michel, à laquelle on fit quelques réparations.

Cette église fut vendue, comme bien national, en 1793. pour 700 et quelques livres.

Elle a été transformée en maison d'habitation.

Par lettres du 2 février 1732, Jean de Vaugirault, évêque d'Angers, avait accordé une indulgence plenière aux fidèles qui visiteraient l'église le jour de la dédicace.

Le jour de l'Invention de la Ste-Croix, fête patronale de l'église, les processions des paroisses de Rest, Turquand, Parnay, Souzay, Varennes et Brain-sur-Allonnes se rendaient à Montsoreau.

Voici les noms de quelques chanoines de Ste-Croix que nous avons relevés dans les registres de l'état-civil :

1619. — Pierre Balordier.
1620. — Nicolas Souhaut.
1695. — Adrien Canard.
1732. — N. Ratouis.
1734. — Le Boucher du Chatellier.
1737. — N. Reverend.
1738. — N. Fougeu.
1756. — Pierre Meschine, sieur de Champmorin.
1782. — N. Dupois.
1783. — Charles Lenée.
1785. — E. Chudeau.
1787. — A. Renault.
1790. — Claude-Martin Millocheau, chefcier.

Plusieurs chapelles dépendaient du Chapitre de Ste-Croix, entre autres celles de Notre-Dame-du-Boile, — Notre-Dame-des-Neiges ou des Furets, — Ste-Catherine (dans l'église de Souzay) , — des Perrins, — et de Vaucelles, cette dernière fondée par Jacques Proust.

Le Chapitre portait pour armoiries : *D'azur, semé de*

fleurs de lis d'argent, au lion de gueules brochant sur le tout.

Ces armes sont celles des de Chambes, comtes de Montsoreau.

On conserve à Angers, dans les archives départementales, un assez grand nombre de titres provenant de la collégiale de Ste-Croix. Parmi ces documents on remarque des cahiers servant à enregistrer les « deffaulx faicts aux offices par M. M. du Chapitre. »

Outre les « deffaulx », le rédacteur a cru devoir relater, le jour même où ils s'étaient passés, divers faits concernant le Chapitre et les propriétaires du manoir, ainsi que la présence des hauts personnages qui venaient à Montsoreau. Nous en extrayons les passages suivants :

« Le 11 aoust (1544) , Monsieur et Madame (1) allèrent à Frontevrau pour faire la grosse de la pension de Mademoiselle Louyse de Chambes, leur fille, à estre mise en religion au dit lieu, et doit payer mon dit sieur, pour la pension, 50 livres tournois au jour de la my-aoust chacun an.

« Ce dit jour 24 novembre (1544) , vinrent d'Angers à Montsoreau deux de M. M. de St-Maurice, nommés du Marrays et de Pont-Thibaud, lesquels y ont esté deux jours, pour donner à entendre à M. M. de Ste-Croix du dit Montsoreau, les cérémonies et manyères de faire le service divin selon la forme et manyère de la dite église de St-Maurice d'Angers.

« Ce dit jour, 15 febvrier 1545, les enfants de cueur commencèrent à porter leurs robes rouges. »

(1) Philippe de Chambes, baron de Montsoreau, et Anne de Laval, sa femme.

« Ce vendredy 29 febvrier 1545, estoient à Montsoreau le roy avec la royne de Navarre (1) et y couschèrent jusqu'au samedy ensuyvant.

« *Nota* que Madame la royne d'Escosse passa, à venir de Fontevraud, par le port de Montsoreau le jour de 29 septembre (1548), et alla couscher à la Chapelle-Blanche (2).

« Madamoiselle Anne de Laval, dame et espouze de M. Philippe de Chambes, seigneur de Montsoreau, ascoucha d'un beau filz au lieu de Challain, le jeudy 28 novembre 1549, et furent les parreins M. le prince de la Roche-sur-Yon et M. de Vieilleville, et la marreine Madame de Crapadau, et porte le nom de Charles (3). »

« Ce jeudy 6 mars 1550, le prince Charles de Bourbon et Madame la princesse estoient à Montsoreau jusqu'au jeudy ensuyvant.

« Le 11 mars 1552, Collet print noize avec M. Jehan Gautier, chanoine, avec grosses injures atroces, et le menaçait de lui couper la gorge, le tout dans l'église.

« *Nota* que ce dit jour 15 novembre 1556, Monsieur (le seigneur de Montsoreau), fist son banquet à Fontevaud pour faire Madame la religieuse, sa fille, professe, et y estoient Monsieur d'Angers (l'évêque), accompagné

(1) Antoine de Bourbon, père du roi Henri IV, et Jeanne d'Albret.

(2) C'est l'infortunée Marie Stuart, reine d'Ecosse, duchesse de Touraine, qui eut la tête tranchée le 18 février 1585.

(3) Ce Charles de Chambes est le fameux comte de Montsoreau dont il est parlé dans le célèbre roman d'Alexandre Dumas, et qui assassina, à la Coutancière, Bussy d'Amboise qu'il accusait d'avoir séduit sa femme, et Colasseau, lieutenant-criminel à Saumur.

de six ou sept chanoines de St-Maurice et plusieurs personnages, comme aussi douze chantres d'Angers et dix chantres de Tours.

« Le 26 mai fut pendu René Bruneau, pour la volerie par cy-devant faicte.

« Le 16 octobre 1561, alla de vie à trespas Madame Anne de Laval, dame de Montsoreau, et a esté son corps porté le jour ensuyvant en l'église de Brain, jusques au 10 novembre, et ce jour fust apporté en l'église de Varrennes et le lendemain en l'église St-Pierre-de-Rest, et y fust jusqu'au 7 avril 1562. »

L'église St-Michel avait une longueur de seize à dix-sept mètres à peine, sur une largeur de dix mètres environ. Le clocher fut abattu vers 1800.

A l'intérieur de l'édifice, approprié à l'usage d'habitation, comme nous l'avons déjà dit, on aperçoit encore quelques colonnettes et divers fragments de sculptures. La façade méridionale a été complétement défigurée. Au nord, deux clochetons fleuronnés marquent l'endroit où était une chapelle, contenant probablement l'enfeu des seigneurs de Montsoreau.

De l'église Ste-Croix, qui paraît avoir été construite au douzième siècle, il ne reste que les quatre murs. Le portail, en ogive, et qui était flanqué de deux fenêtres à plein cintre, est placé au bord d'un chemin qui conduit vers le coteau. Il ne présente aucune trace d'ornementation.

Ce monument et l'église St-Michel, à en juger par leurs restes, présentaient peu d'intérêt au point de vue de l'art.

Il n'en est pas de même de l'ancienne église prieurale et paroissiale de St-Pierre-de-Rest, actuellement église paroissiale de Montsoreau.

Rest, qui fait partie de la commune de Montsoreau, est

connu dès le sixième siècle. Harderard, vidame du Mans, en était alors propriétaire.

A la fin du onzième siècle, il y existait une église, qu'un seigneur, nommé Geoffroy Fulcrade, donna aux moines de St-Florent. Ceux-ci, au commencement du siècle suivant, la cédèrent à l'abbaye de Bourgueil et la reprirent, on ne sait par suite de quelles circonstances, peu de temps après

Vers 1150, l'abbé de St-Florent y établit un prieuré.

Le plan de l'église représente la croix latine. Les parties les plus anciennes de l'édifice comprennent l'abside, les chapelles de St-Joseph et de la Ste-Vierge et le transept, qui sont éclairés par de gracieuses fenêtres à lancettes, caractérisant le style ogival primitif. Les voûtes, appartenant à la même époque, c'est-à-dire à la seconde moitié du douzième siècle ou au commencement du treizième, sont pleines de hardiesse et d'élégance. Malheureusement, l'ornementation sculpturale fait complétement défaut. Le ciseau de l'artiste ne s'est exercé sur aucun des chapiteaux à l'intérieur comme à l'extérieur ; tous sont encore dans l'état où le tailleur de pierres les a laissés.

La travée dans laquelle se trouve la base du clocher, paraît avoir été construite au quatorzième siècle. Au côté sud, on remarque une jolie fenêtre à arcade ogivale subtrilobée. Elle a été murée au dix-septième siècle. Mais il serait facile de la rouvrir, tout au moins dans la partie supérieure, le bas se trouvant masqué par le plafond de la sacristie.

Le clocher, recouvert d'un toit en charpente, a été construit dans le même temps que l'abside. Sur chaque face s'ouvrent des fenêtres à lancettes géminées.

Selou toute apparence il n'a jamais été terminé par une pyramide de pierre.

La cloche qu'il renferme actuellement a été fondue en 1825 et pèse 1270 kilogrammes. On lui a donné le nom de *Jeanne*. Le parrain fut Claude Morisset, maire de Montsoreau; la marraine, Jeanne Baret, sa femme.

La nef, tout simplement plafonnée, a été ajoutée à l'église peu de temps avant la Révolution.

Près de l'entrée principale, à l'extérieur, sont les débris d'un vieux bâtiment, probablement l'ancienne chapelle dite des Noyés, qui est mentionnée dans les registres de l'état civil. C'est dans ce lieu que l'on déposait, en attendant leur inhumation, les cadavres trouvés dans la Loire qui, autrefois, coulait à quelques mètres à peine de la chapelle.

La sacristie, située au côté sud de l'église, est une ancienne chapelle primitivement dédiée à la Ste-Vierge et qui fut construite au commencement du XVIIe siècle. Son sol était beaucoup plus bas que celui de l'église, avec laquelle elle communiquait par une grande porte à plein cintre, aujourd'hui murée. Elle recevait la lumière par une fenêtre à trois baies ouvrant sur le chemin et surmontée d'un écusson et de la date : 1601. Le marteau révolutionnaire a rendu l'écusson méconnaissable. La date qui l'accompagnait a été effacée.

Il y a une trentaine d'années, le curé de Montsoreau, voulant faire de cette chapelle une sacristie, fit exhausser le sol. Par suite de ce remblai, l'autel se trouva entièrement enseveli. Le retable seul, resta complètement à découvert.

Au centre de ce retable, et au-dessus d'une niche, sont des armoiries représentant *une coquille* surmontée d'un *chevron*, ces deux meubles recouvrant un *bâton*, peut-être un bâton de pélerin. Un peu plus haut, on aperçoit un signe symbolique offrant la forme d'un 4, dont la barre horizontale se termine par une croix.

Il est à croire que cette figure est la marque de la compagnie ou corporation à laquelle appartenait l'auteur des sculptures de l'autel.

Entre la niche et l'écusson, on lit ces deux mots, écrits en capitales fleuries :

AVE MARIA

A l'époque où la chapelle fut transformée en sacristie on y conservait une statue de bois, haute d'un demi mètre environ et représentant une bergère dont une des jambes se terminait par une patte d'oie.

C'était la statue d'une sainte appelée dans le pays *Ste-Mevoise*, ou *Mi-Oie*.

Cette sainte ne figure dans aucun calendrier, et ce que l'on sait d'elle ne nous est parvenu que sous la forme de tradition populaire. Voici ce que l'on raconte :

Un jour, un seigneur de Lerné, paroisse située à trois lieux environ de Montsoreau, était venu chasser dans les bois avoisinant cette dernière localité. Ce seigneur, que la rumeur publique représentait comme un vaurien, un débauché, fut frappé de la beauté d'une jeune bergère qui gardait ses moutons dans les prés situés entre Montsoreau et le moulin de Maumoine. Il la poursuivit de ses obsessions et se comporta de telle façon que la bergère se sauva avec toute la vitesse dont elle était capable. Elle arriva ainsi jusqu'à une petite fontaine qui se trouve au pied du coteau de Pierre-Levée. Le terrible seigneur la suivait de près, et il allait l'atteindre, lorsque celle-ci, se jetant à genoux, pria ardemment le ciel de la préserver du danger qui la menaçait.

Son vœu fut exaucé, mais d'une manière assez bizarre, dit toujours la même tradition. Un de ses pieds prit tout à coup la forme d'une patte d'oie.

Arrivant tout haletant, le seigneur de Lerné aperçut cette monstruosité. Il poussa un cri d'horreur et s'enfuit à toutes jambes.

Comme on le pense bien, cet événement extraordinaire fit grand bruit dans la contrée. De toutes parts on venait voir la bergère à patte d'oie, et on conçut pour elle une grande vénération. Après sa mort on la qualifia de sainte et on lui consacra deux statues, qui furent placées, l'une dans l'église de Montsoreau, l'autre dans celle de Lerné. L'eau de la fontaine, près de laquelle avait eu lieu la transformation, fut considérée comme ayant des vertus curatives absolument merveilleuses pour les maladies des yeux ou pour celles qui résultaient d'une grande peur que l'on avait éprouvée.

La statue érigée dans l'église de Montsoreau a été détruite il y a trente ans environ.

Celle de Lerné existe encore. Elle est placée dans la niche d'un petit autel qui se trouve au premier pilier de gauche de l'église, en entrant par le grand portail. Cette statue représente une jeune bergère, coiffée à la façon du pays et ayant un corsage rouge. De nos jours on a ajouté à ce corsage une jupe blanche. De la main gauche elle tient une quenouille, dont le manche est fixé au côté. A la main droite, aujourd'hui mutilée, pend un fuseau.

La jambe gauche est chaussée d'un soulier, tandis que la jambe droite se termine en patte d'oie.

On nous a rapporté que les personnes malades par suite

d'une trop vive émotion viennent encore s'agenouiller devant sainte Mi-Oie.

Avant la Révolution, les nouvelles mariées ne manquaient pas de visiter la statue le lendemain de leurs noces. Elles apportaient leurs quenouilles et filaient devant elle pendant quelques minutes, voulant ainsi placer les travaux du ménage sous sa protection.

De nos jours, l'église de Montsoreau s'est enrichie de très jolies verrières.

Le vitrail du milieu, dans l'abside, représente le *Sacré-Cœur*, avec cette inscription:.

Voilà ce cœur qui a tant aimé les hommes.

Il a été donné par les familles de la Perraudière, de Clavières et Bruneau.

C'est une belle composition, vraiment magistrale, due au pinceau d'un artiste tourangeau, M. Lobin, dont le talent a acquis une juste et grande renommée.

Les vitraux des fenêtres de gauche et de droite sont aussi de ce peintre éminent.

Le portrait de sainte Thérèse, à l'âge de douze à treize ans, occupe celui de gauche. Physionomie gracieuse, d'une douceur angélique, où semblent se refléter les joies du ciel. La sainte se trouve au milieu d'un frais paysage dont tous les détails sont rendus avec une délicatesse de trait admirable. Au bas de la verrière sont ces deux inscriptions :

Sainte-Thérèse priez pour nous.

—

M. ET Mme BRUNEAU, EN SOUVENIR DE
LEUR PETITE FILLE, THÉRÈSE DUMÉNY.

Le sujet de la fenêtre de droite est sainte Marguerite,

figure d'une noble expression et d'une exécution parfaite.
On lit ces inscriptions au bas du vitrail :

Sainte Marguerite priez pour nous.

—

M. ET Mme BRUNEAU, EN SOUVENIR DE LEUR FILLE, MARGUERITE DUMÉNY,

Lobin, Tours, 1880.

Le vitrail qui orne la fenêtre de la chapelle St-Joseph se divise en cinq médaillons principaux, où se trouve reproduite la légende du saint : Son mariage, la fuite en Egypte, sa mort, etc. C'est encore l'œuvre de M. Lobin. Elle porte la date de 1886 et cette inscription :

CASIMIR BRUNEAU, EN SOUVENIR DE SA BIEN-AIMÉE ÉPOUSE.

Les principaux traits de la vie de la sainte Vierge sont retracés dans le vitrail de la chapelle qui lui est consacrée. Cette verrière, et celle que nous venons d'indiquer, sont de véritables et superbes tableaux, où tout se trouve réuni pour charmer le regard et parler, en même temps, à l'âme des fidèles. Elle porte les mêmes inscriptions que la précédente.

Tout récemment, un sixième vitrail a été posé à la fenêtre du transept, du côté méridional.

Sainte Jeanne y est représentée sous les traits d'une jeune bergère, de dix-sept à dix-huit ans, faisant paître ses moutons dans une prairie voisine de Montsoreau. L'église paroissiale, vue du côté nord, le presbytère, le ruisseau qui descend de la vallée de Fontevrault, en décrivant de gracieux contours avant d'aller se jeter dans la Loire, sont exactement reproduits et harmonieusement groupés. Dans le fond du tableau, se découpent sur l'azur du ciel, en une perspective fuyante, d'un charmant effet, les crêtes mollement ondulées des collines de Fontevrault. Partout de très jolis détails.

A l'angle droit du vitrail, le peintre a cru devoir ajouter au paysage une croix qui se trouve dans le bourg, au croisement de la route de Fontevrault et du chemin qui conduit à l'église.

Le visage de la sainte, plein de fraîcheur, est très-remarquable par la pureté et la finesse exquises du dessin. Les vêtements, de forme simple, comme il convenait d'ailleurs au sujet, sont drapés avec autant de goût que de grâce. Une quenouille est aux pieds de la jeune fille.

Il semble, lorsqu'on cherche à s'expliquer l'expression de la physionomie de la sainte, ravie en une sorte de contemplation attentive, qu'elle prête l'oreille à quelque voix venant d'en haut et qui captive toutes ses facultés. Nous ne serions pas surpris que, tout en traitant un sujet purement religieux, l'éminent peintre ait songé à la bergère de Domrémy, Jeanne d'Arc, écoutant la voix du ciel qui lui dictait la belle et patriotique mission qu'elle aurait à remplir pour sauver la France. Quelle qu'ait été d'ailleurs l'idée de l'artiste, on ne peut qu'applaudir à l'habileté de son pinceau et au charme de son talent. Cet artiste, est M. J. Fournier, de Tours.

Voici les inscriptions placées au bas du vitrail :

> Le beau lac azuré, dans son cristal limpide,
> Réfléchit, nuit et jour, les splendeurs du ciel bleu.
> Ainsi, Jeanne, âme pure, innocente et candide,
> Réflétait parmi nous les grâces du bon Dieu.

OFFERT PAR M. ET Mme ERNOULT- LÉGER
EN SOUVENIR DE LEUR NIÈCE JEANNE RÉTIF
MORTE LE 2 JANVIER 1887.

Après nous être occupé des verrières, nous avons à examiner les tableaux qui ornent l'église.

Des trois toiles placées dans la chapelle de la Sainte-Vierge, et représentant : *Une Assomption, — Une religieuse de Fontevrault* — et le *Mariage de sainte Catherine*, la dernière seule mérite de fixer l'attention. Elle est signée de Virginie Fayard et a été donnée par le gouvernement, en 1850.

Dans la chapelle St-Joseph, on remarque un tableau, *saint Pierre et saint Paul*, peint par Berot et portant la date de 1787.

Dans le sanctuaire, *sainte Anne et la sainte Vierge*, toile de très faible mérite.

Près de la chaire, sur le mur, est un curieux tableau, sur bois, d'un mètre 20 centimètres environ de hauteur, sur un mètre de largeur. C'est une scène du *Calvaire*, avec un assez grand nombre de personnages, parmi lesquels on voit, au premier plan, une abbesse de Fontevrault. Le nom du peintre et la date de son œuvre sont inconnus.

D'après la tradition, les tableaux dont nous venons de parler, proviendraient, à l'exception du mariage de sainte Catherine, de l'ancienne abbaye de Fontevrault.

De cette abbaye, seraient venues également les stalles placées dans le sanctuaire et qui paraissent être du quinzième siècle. Leurs miséricordes et leurs accotoirs sont ornés de sculptures offrant des sujets différents.

A ces œuvres artistiques que possède l'église de Montsoreau, nous devons ajouter, pour être complet, une très belle chaire en pierre, habilement sculptée par M. Chapeau, d'Angers, et les autels de l'abside et des chapelles latérales, artistement travaillés.

Par tous les détails que nous venons de donner, on voit que l'église de Montsoreau mérite à tous égards d'être visitée par les amis des arts et les archéologues. Nous constatons avec plaisir qu'elle est dans le plus parfait état d'entretien, grâce au zèle éclairé et à l'excellent goût du curé actuel, M. l'abbé Emmanuel Diard, qui ne cesse d'y apporter des améliorations et des embellissements. C'est à M. l'abbé Diard que l'on doit notamment l'installation de la belle chaire dont nous avons parlé, des petits autels de la Croix et du Sacré-Cœur, de l'appui de communion, en fer, élégamment ouvragé, et d'un très beau confessionnal.

De l'église de St-Pierre de Rest dépendaient les chapelles des Maillards, des Mesdons, de St-Armel et de St-Fiacre, et des Mignons.

Il existait au quinzième siècle, à Montsoreau, une autre chapelle, placée sous le vocable de saint Nicolas. Peut-être pourrait-on voir ses restes dans un bâtiment situé à l'extrémité orientale du bourg, au bord de la route qui conduit à Candes. La chapelle, remaniée et agrandie, a été transformée en maison d'habitation. Mais on a conservé, dans le pignon, une fenêtre à ogive, qui indique la destination primitive de la construction, datant du XIVᵉ siècle.

En terminant, donnons un souvenir à un monument curieux que possédait le cimetière de Montsoreau.

Nous voulons parler d'une *Lanterne* ou *Fanal des morts*. C'était une colonne creuse, terminée au sommet par une sorte de lanterne, dans laquelle, au moyen-âge, on plaçait une lumière, dont la vue rappelait aux passants qu'ils se trouvaient près d'un des asiles de la mort et que les trépassés réclamaient d'eux une prière.

En 1865 il y eut à Montsoreau, une personne qui sans se douter, nous aimons à le croire, qu'elle faisait œuvre de vandalisme, s'imagina de jeter le fanal par terre, dans l'unique but de se procurer des matériaux. Les débris provenant de la démolition furent employés à établir le piédestal d'une grande croix, dans le même lieu.

D'après la description qui nous a été faite de ce te Lanterne des morts, elle ressemblait beaucoup au fanal de Ciron (Indre), encore existant, et qui est du XIIe siècle.

LISTE DES CURÉS DE MONTSOREAU.

Thibaud Turpin, 1482. — Jean Martin, 1483. — René Cousturier, 1500. — Jacques de la Vignolle, 1520. — Michel Martin, 1595. — N. Baguenard, 1609. — Michel Lemaczon, 1619. — Jean Lecourt, 1621. — Charles Papot, 1630. — Urbain Chantreau, 1670. — François Henry, 1675. — René Ratouis, mort le 17 mai 1738. — Charles Chapillais, démissionnaire en 1753. — Urbain Lecompte, mort le 26 mai 1782. — Côme-Casimir Boulnoys, 1782-92, 1802. — N. Richardin, 1802. — Joseph Davy, mort le 4 mai 1811. — François Houdart, 1811. — Michel Blouin, 1829, mort le 9 mai 1851. — L. Cochart, 1851. — Joseph Bonneau, 1858. — Vacance d'un an. — J. Delaunay, 1859. — Michel Dubillot, 1865. — Germain Gabory, 1869. — Etienne Leroyer, 1875. — Emmanuel Diard, 1876, actuellement en fonctions (1888).

Montsoreau, imp. Carré de Busserolle.

SOUS PRESSE, DU MÊME AUTEUR :

LES

VENDÉENS

A

THOUARS, LOUDUN, CHINON

ET

SAUMUR

(Mai et juin 1793)

Montsoreau, Imp. Carré de Busserolle.